겨울에도 꽃이 핀다

이채우 여섯번째 시집

겨울에도 꽃이 핀다

도서출판 두손엄

| 저자의 말 |

이번 시집에서는 자아를 타자 속에서 찾고,
실존적 체험에서 얻어진 부재와
상실이라는 시선을 통해
자아에 대한 깨달음을 시집 속에 담았습니다.
향후 내재적 인식에 근접한 시를
쓰기 위하여 노력하겠습니다.

시 한 편 쓸 때마다
어수선한 행간마다 언어들이
마구 의식의 끈을 풀어대고
어지럽게 나를 흔들어 대지만
어떤 것은 언어의 빛이 되고
어떤 것은 언어의 색깔이 되고
어떤 것은 언어의 떨림으로 시의 영혼이 되고
그 영혼이 시가 되어 살아 움직여
독자들과 함께하길 기대합니다.

2020년 8월
저자 해월(偕越) 이 채 우

| 차례 |

저자의 말 · 5

제1부
공空

공空 · 13
기다림 · 14
할미꽃 · 15
한계 · 16
사랑의 언어 · 17
파도는 파도라는 눈으로 · 18
가슴으로 듣는다 · 19
빛 · 20
가을비 내리는 날 · 21
무아無我 · 22
공평 · 23
소백산 가을 · 24
가을은 예나 지금이나 · 25
돌개바람 · 26
사이프러스 나무 · 27
장백폭포에 빠지다 · 28

제 2 부
안개

안개 · 33
보고픈 사람 보고파 · 34
쉼터 · 35
앙코르의 눈물 · 36
일출 · 37
오륙도 · 38
칼벼랑 · 39
별에 물어본다 · 40
가을의 서정 · 41
정년퇴직 · 42
물속을 들여다본다 · 43
환선굴 · 44
빗방울 북적대다 · 45
가을의 그리움 · 46
내가 물이 되면 · 47
동박새가 봄을 입에 물고 · 48

제3부
유자나무에도 은하가

유자나무에도 은하가 · 51
두브로브니크 城 · 52
빛 하나 · 54
거짓말 · 55
가야만 한다 · 56
볏짚 새끼 꼬기의 추억 · 57
얼마나 흐뭇한지 · 58
너에게 전한다 · 59
소꼴 먹이기 추억 · 60
섬에서 뭍으로의 꿈을 찾아 · 62
스펑나무 · 63
그날 밤 · 64
깨어진 그릇 하나 · 65
화병花瓶 · 66
놓쳐 버린 시간 · 67
비 오는 날 · 68

제4부
밤에 내리는 눈과 속삭이다

밤에 내리는 눈과 속삭이다 · 71
물 한 모금 · 72
고향 오일 장날의 기억 · 73
그리움에 불타는 그리움 · 74
시의 영혼 · 75
枯死 주목 · 76
달빛 흐르는 호수 · 77
꿈을 찾아 · 78
채석강 · 79
빗방울 · 80
햇살, 그 빛 앞에서 · 81
청사포의 달 · 82
사랑하는 법 · 83
낙월落月 84
낙조落照 · 85
그랜드 캐니언 · 86

제 5 부
겨울에도 꽃이 핀다

겨울에도 꽃이 핀다 · 91
구속拘束 · 92
바다에서 · 94
삼겹살 · 95
치자나무 · 96
침묵의 호수 · 97
고향 개울물 · 98
휴전선 · 99
그리움의 편지 · 100
허무 증후군 · 101
생명줄 · 102
그리움의 절벽 · 103
섶다리 · 104
해돋이 · 105
이별이여 어디로 가든 · 106
말하는 꿈 · 107
연기演技 · 108

| 해설 | 타자 속의 자아 응시
_ 최영구(시인, 문학박사, 현 부산광역시문인협회 회장) · 111

제1부

공空

공空

빛과 어둠과 둥근 적막의 굴레

손을 내밀어도
돌아오는 건 허공虛空
세상의 실체는 빛과 허공뿐
모두가 공空이라는 화두를 두고

공의 우주를 위하여 스스로를
버리고 또 버려
닿을 것이라 마음 다잡아
고요와 적멸의 영겁永劫을 거쳐
비로소 적막의 무한으로 들어선 시탈타의 공空

인고와 좌정마저 버리니
순간도 영원도 넘어선 공의 자리
온 우주가 무아無我요,
공空의 적막 된 순간과 영원
하지만 누구도 시탈타
그의 공空을 모른다

기다림

뜸은
밥솥에서
이팝나무꽃을 피우기 위해
때를 기다린다
오늘도 밥솥은
하얀 연기를 토해내며
보이지 않는 레일 위를
달리고 있다
이젠 익은 밥의 종착역을 앞두고
경적 없이 추만 흔들어대며
이팝나무꽃 같은 밥이 만개하기를
기다리고 기다린다
기다림의 진통 끝에 완성된 밥이
한 그릇으로 분배되어
끼니의 밥으로 다가올 때
식탁은 하얀 이팝나무꽃 향기로
가득하다

할미꽃

남새밭 언덕에 할미꽃이 피었다
시간만 나면
자주색 옷 입고 찾던 할머니
꽃을 피우기도 전에
힘겨운 세월
굽은 허리 휘감고
땅을 내려다보고 있었다

꽃이 피어도 가족 살피느라
고생을 고생으로 생각하지 않고,
온몸이 부서지도록
가족을 위해 모든 것 버리신
나와 네 어머니
굽어진 허리 꽃대에 꽃이 진다

하얀 꽃술로
백발의 할머니 모습으로 변한 당신
회상과 추억에 젖어 오늘도
남새밭 언덕에서
하얀 머리카락 날리며
가족들 촘촘히 보살피느라
허리 구부리고 있나요

한계

바닷가 해변 길을 걷다 보니
바다는 보이지 않고
모래와 바닷물만 거기 있다

길 한쪽 노송들의 그늘과 손짓
파도의 등을 타고 백사장에 이른 포말의 함성
수평선을 향해 해조海鳥들은 끼룩끼룩 날갯짓하고
해풍의 부드러운 손길뿐
바다는 그 어디에도 보이지 않는다

백사장에는 사람들의 속삭임과
파도 소리만 들락거릴 뿐
산과 하늘은 바다의 비경인 양 들어앉고
바다는 그 어디에도 보이지 않는다

백사장에 옷을 벗고
바닷물에 누워있어도
바다를 볼 수도, 알 수도 없는
저 무한의 시야, 무한의 깊이에
갇히고 마는 내 유한의 맹목盲目

사랑의 언어

사랑의 언어, 사랑의 표정, 사랑의 기쁨
연초록 잎을 둔 활엽수의 표정
봄 한때 연초록으로 피어나
여름, 가을이면 푸르고, 붉은 옷으로
겨울이면 찬바람에 마른 잎 되는 시간

아니지, 사랑이란 상록수 같은 것
언제나 변하지 않은 사랑의 언약으로
늘 푸르기만 한 사랑의 힘으로
상록의 길을 열어가는 사랑

때로는 변하지 않는 언어
때로는 사랑의 눈을 거두고
돌아서 가는
영원도 순간도 부정하는 사랑이여

파도는 파도라는 눈으로

바다가 파도의 어깨를 짚고 일어선다

바다를 등에 업은 파도는 하얀 거품을 물고 춤춘다
바다와 파도가 춤춘다
파도는 갈매기와 바람과 바다를 제 손끝에 둔다

뭍의 그리움에 목이 탄 파도,
파도의 손짓, 파도의 몸짓
억겁億劫 파도가 펄럭펄럭
바다와 함께 춤춘다

파도는 파도의 심중을 털어놓는다
바다는 수심에 묻어 두었던 마음을
파도로 풀어놓는다
바람에 등 떠밀려
파도는 바다와 뭍에 눕고
온몸으로 마지막 이별을 노래한다
제 키와 성대를 낮추며 노래한다
그리움을 제 키만큼 세우던
파도가 파멸과 재생을 노래한다

가슴으로 듣는다

가슴으로 들려오는
저 귀뚜라미 소리
나는 혼자가 아니다
밤마다 찾아오는
귀뚜라미 소리에 젖고
달빛에 어려
가슴으로 파고드는 그리움
그것만으로도
어두워진 내 삶은 일어서
홀로 빛이 되어
어둠 속에 빛나고 있거늘

달빛 속에 피어나는 빛과 소리의 속삭임
그걸 가슴으로 듣지 못하고 살아간다면
닫힌 영혼이 아니던가

빛

빛의 자진, 빛의 여울
수직의 빛에 눈부셔
어둠이 망설이며 부시시 눈 비비는 표정

직선으로 대각으로 오색의 선으로
내려 군무群舞 하는 빛과 그림자
빛 속에서는 모두가 눈부신
풍경이 되네

그대 내게 한 줌의 빛이었던 걸
이제사 기억하네
내 안에서 환하게 피어나는 추억의 빛
빛이 내려 사방이 반짝이는
사랑의 눈빛이 되던
그대와 내 뜰의 눈부신 풍경들

가을비 내리는 날

가을비 그친 후
검은 구름 밀어내고
쏟아져 나온 햇살
방울방울 맺힌 들국화 잔등에
살며시 내려앉는다
귀뚜라미 소리에
가을빛 선율에
흠뻑 젖은 들국화
가을을 마중하고 서서 비에 젖는다
그윽하게 다가오는 가을빛 속삭임에
추억의 잔으로
가을의 우수憂愁와 그리움을 섞어
목을 축인다

무아 無我

타파[태풍]가
지나간 자리
아카시아도 아랫도리 꺾였다
쓰러진 아카시아 한 그루 성한 곳 없이
녹색 산비알에 누워 신음 중이다
한평생 비탈에 서서 인고의 세월 거두며
버티다가
태풍 타파에 기어이 생을 놓았다
전기톱이 육신을 자르는 요란한 소리로
몸은 동강동강 나고
잘려 나간 몸통에는 생의 주기가 덩그렇게
멈추어 있다
그가 서 있던 산비알 위로
검은 구름이 조문하려 얼굴을 내민다
소멸과 탄생에는 예고가 없듯
그는 흙으로 돌아갈 것이다
또 다른 탄생을 위해

공평

가랑비가 내린다
소리 없이 내려앉는 가랑비
땅 위의 것들 모두 함께 젖는다

돌도, 나무도, 길도, 꽃도,

가랑비가 내린다
기척도 없이 내린다
땅 위의 여기저기
높고 낮은 곳 없이
가랑비에 젖는다

꽃도 풀도 나무도 숲도
가랑비에 손을 내민다
젖은 얼굴도 마다하지 않고
온몸으로 함께 군무群舞한다

가랑비와 대지가 젖는 사이
길 위에 든 사람들은 우산을 편다

소백산 가을

산바람만 오가는
소백산 산자락 길
계절이 심심할까 봐
코스모스가 하얀, 분홍, 빨간 양산을 펴고
길섶 따라 줄지어서
바람과 손잡고 길을 기웃거린다
산길의 고요 속으로 바람이 빠른 걸음으로
계절을 흔들고 지나갔다
얘야,
말 걸어오는 이도 없어 쓸쓸하지?
산자락 길이
계절의 빛에 취해 잠시 머뭇거리고
이후 고요와 침묵만 남는다

가을은 예나 지금이나

고향이 고향의 향기를 잃어버렸어도
가을은 예나 지금이나

야산에 있는 밤나무
송이마다 자궁을 활짝 열고
햇볕과 바람에
속이 찬 토실한 밤을 쑥쑥 밀어내어
땅 위에 떨어져 누운 알밤들이
적색 빛 몸을 반짝인다
적색 빛 황토는 귀향한 것들의 거처다
떨어지는 밤알들은 거침이 없다

고향이 고향의 향기를 잃어버렸어도
가을은 예나 지금이나

돌개바람

춘삼월 꽃들이 만개한 향연
하늘이 갑자기 어두워지더니
돌개바람이 허공마저 무너뜨리자
순간
갈색 나뭇잎이 새가 되고
가벼워진 새는 나뭇잎이 된다
인정사정없이 내리치는 바람에
나뭇잎은
날개를 펴고 허공을 비상하다
날개를 접고 사뿐히 내려앉고
새는 낙엽처럼 가벼워져
바람의 날개로 떠오르다
가까스로 두발로 내려앉는다
돌개바람 앞에
나뭇잎은 새가 되어 비상飛翔하고
새는 나뭇잎 되어 바람에 휘둘리다
날개를 접고 낙엽처럼 떠돈다

사이프러스 나무

하늘과 바람 사이로 별이 흐른다
바람과 허공 사이로 별빛이 빛난다
바람과 땅 사이로 별이 떨어진다
별은 바람보다 높게 혹은 낮게
반짝거리며 빛나지만,
바람은 별처럼 빛나는 눈을
가질 수가 없다
고흐는 바람에 흔들려
귀를 잘랐을까
정신요양원 창문 밖을 바라보다가
사이프러스 나무와 별과 바람에
문득 영감을 얻었을까
순간 새로운 빛의 세계에 눈을 뜨고
바람과 별처럼
미친 듯 승천하고 싶은
빛의 욕망에 사로잡혀
해도, 달도, 별도
빛의 회오리바람을 타고
모두의 혼을 흔들어 놓는데
고흐의 바람은 왜 사이프러스 나무만
흔들지 않았을까?

장백폭포에 빠지다

천지에서 떨어지는 폭포 소리가 흰두루를 깨운다
산천어가 굉음과 괴력에 놀라 뛰어오르고
물보라가 튕겨 절벽 곳곳을 세차게 때린다

어둠이 검은 치마를 벗어 던지고
서둘러 서광曙光 속으로 돌아선다
폭포 소리로 소란스럽게 아침이 문을 연다

쏴! 쿵 쿵 쿵 아침의 폭포 소리는
민족의 혼이 담긴 겨레의 합창

바로 눈앞에 있는 장군봉
봉우리들은 민족의 오케스트라 지휘자
성지가 바로 내 곁에 있다
민족통일! 한겨레가 그날을 꿈꾸어 왔다

민족의 혼을 안고 날아다니는 무소霧消
장백폭포에서 쏟아져 내리는 물 폭탄은
한겨레 힘의 원천

폭포 소리가 우뚝 민족의 영산을 일으켜 세운다
우레 같은 소리로
천지를 흔들고 있다

천지가 바로 내 아래에 있는
이곳이 민족의 聖地
겨레의 혼을 폭포는 멈춤 없이 쏟아내고 있다

제2부

안개

안개

어디에서
소리 없이 살며시 왔다가
얼굴 없이
어디로 사라져 가는 것일까

호숫가 하얀 손짓과 얼굴
虛空의 포로가 되어
生滅하는 無我로

미로 속으로
있는 것으로 없는 것으로

실체가 허무요 허무가 실체인
소리도 빛도 넘어선
찰나의 표정과 순간의 몸짓

보고픈 사람 보고파

보고픈 사람 보고파
호젓한 산길 걷는다

세월이 죽어 낙엽처럼 쌓여 갈수록
더욱더 외로운 길
쓸쓸한 마음의 뿌리
숲속 어느 곳에 심어볼까 하다가
잠시 오솔길에
뒹구는 갈잎 속을 들여다보는 일
낙엽은 언제나 허전한 빈손이다

보고픈 사람 보고파
그리워하면
어둠 속 그의 눈빛과 모습은
어디론가 숨어버리고

보고픈 사람 보고파
오솔길 걸으면 발등 위에
서럽게 떨어지는 낙엽들
찬 서리와 함께
말없이 내려앉는다

쉼터

밤은 잠을 낳는 안락한 쉼터이다
피안의 긴 터널을
지나고 나면 내일이 온다
세 끼의 밥이
하루라는 시간의 잣대가 되듯이
쉼터에 쉼표가 새겨진 자리는
유한한 삶의 궤도를 넘어서려고
재충전한 후면
고난이란 또 다른 하루가 기다린다
쉼터를 외면하고 앞으로만 가는
사람들이 기고만장氣高萬丈하여
고개 숙이는 것을 잊어버릴까 봐
신은 가끔 한 번씩
사람의 이마를 툭툭 치며 경고한다
비로소 신이 준 까만 쉼터에서
자신의 한계를 깨닫고
혹은 눈을 크게 떠보기도 할 때
또 다른 새로운 전진과 안식의 길이
보이기 시작한다

앙코르의 눈물

톤레샵 황톳빛 물로 얼룩진 호수 위로
킬링필드로 얼룩진
앙코르 눈물을 싣고 배는 서서히 미끄러져 간다
뜨거운 가슴과 무심한 몸을 싣고
배는 자야바르만 7세가 새겨놓은
앙코르의 미소를 뒤로한 채 떠가고
뱃전엔 피로 물들였던 내전으로 암울한 현실을
황톳빛 물보라로 호수를 온통 덮고 있는
앙코르 눈물을 삼킨 바다와 같은 호수의 물결
하늘을 둥글게 밀어낸 저 수평선은
말없이 나를 끌어당긴다
수상촌 가옥이 여기저기 물 위에
다리를 걸치고 힘들게 서 있고
그곳의 학교엔 앙코르 깃발이
과거의 찬란했던 영광을 잊지 못하는 듯
온몸을 펄럭이며 떨고 있었다
수상촌 선착장에서 쪽배를 갈아타니,
그 뱃사공은 하루하루 생계를 위해
수상촌 주위를 맴돌며 땀 흘려 노를 젓고
낡은 쪽배 위의 아이들은
"원 달러, 원 달러" 하며 다가온다
노을빛에 묻힌 하늘과 호수
먹구름은 사라진 앙코르 제국의 恨을 달래듯
장대비가 되어 호수 위에 마구 쏟아지고 있었다

일출

아침이 천지의 어둠을
서서히 걷어 올린다
이글이글 불같은 사랑으로
까만 밤을 하얗게 새운 햇귀가
검은 어둠을 걷어내며
수평선에서 붉게 상기된
앳되고 수줍은 얼굴로
바다와 하늘을 빠알갛게 물들이며
수평선 위로
동그랗게 이글이글 타오르는 얼굴을
서서히 내밀고 있다

오륙도

오륙도가 거기 있다
푸른 파도 너머 파도, 섬 너머 먼 수평선
그리움에 기약 없는 가슴앓이로
검푸른 파도가 오늘도
바위섬 절벽의 한계에 도전하며
하얀 거품을 토하고 있다

섬 이곳저곳 한가로운 갈매기 떼의
새하얀 날갯짓
낚시꾼들이 들어선 갯바위 벼랑 끝을 비켜서며
누구든 오는 것을 마다하지 않고 맞는다

층층이 섬의 벽이 된 바위 위로
뱃길을 열어 주는 등대 하나 거기 있다

바다와 풍광風光이 서로를 다스리며
생멸하는 파도의 포말을 내려다보는,
낚시꾼의 낚싯대와 파도가
어우러진 모습도 풍경이다

고개를 들면 오륙도 너머 바다는
오늘도 파도에 업혀 검푸른 몸짓으로
섬을 탐하며 먼먼 수평선을 넘는다

파도의 등을 타고 암벽에 이른 포말
오륙도는 오늘도 검푸른 모습으로 고독하다

칼벼랑

그대와 같이
손잡고 여기까지 왔는데
悔恨으로 잠깐 감았던 눈

눈 떠보니 사방은 짙은 안개로
한 치 앞도 보이지 않네요

그대는 무엇 때문에
무엇이 그렇게 급해서
신었던 신발마저 벗어 던져 버리고

세상의 끈을
그렇게 빨리 놓아 버렸나요
끈을 놓고 壙中의 칼벼랑에 몸을 던져 버리면
나는 어쩌란 말인가요

별에 물어본다

별에 물어본다
시방 거기 은하에도 지구촌같이
봄, 여름, 가을, 겨울에도
계절 따라 꽃이 피고 지고
바람 불고 이슬 내리던가요

별에 들어본다
내 보고픈 사람,
생각만 해도 눈물이 묻어 나오는 사람
아직도 날 내려다보며
시를 쓰며, 내가 오길 거기에서
기다리고 있던가요

내게 가끔 들려주던 "숨어 우는 바람 소리"
노래 부르며 나를 그리워하고 있던가요

가을의 서정

가을 타는 붉은 그리움이
나를 마구 흔들어 놓는다

물같이 바람같이 허망하게
生滅을 뒤집어 놓던 세월이
눈앞을 가로막는다

寂寥에 無我의 길 드니
안 보이던 내가 보이고
안 보이던 네가 보이고

나와 네 마음까지도 아우르는
시공時空이 공空이 되어
사방에서 나부낀다

정년퇴직

흙탕물에 젖은 낙엽인가
온종일 집에 있으면서
일이라곤 거들떠보지도 않고
외출할 때에는 뒤통수에 신짝 달고
귀찮게 따라나서는 가분다리인가

신바람 맞은 낙엽인가
한 때 得意를 만나 뒤꿈치 들던
물 위의 부평초였지만,
시방은 失意에 고개 숙인
기 빠진 볼품없이 땅에 떨어진 한 잎 낙엽인가

과거 조금 득의하고, 날개를 조금 폈다고
알랑거리지 말자
그렇다고, 지금 실의에 잠긴 얼굴로
낙담하지도, 기죽지도, 흔들리지도 말자

낙엽은 결코 외롭지도, 그저 사라지지도 않는다.
탈색된 한 잎의 나뭇잎으로 떨어지는 것은
지금보다 더 큰 몫으로
돌아오겠다는 나무와 낙엽 무언의 언약 아니던가

어둠을 딛고, 가쁜 숨 한번 몰아쉬며
아름다운 뒷모습으로 세월의 계단을
하나하나 오른다

물속을 들여다본다

어렸을 때처럼
물속에 비친 하늘을 들여다본다
하늘에 떠다니는 구름을
잡아 보려고

우주란 도대체 무엇인가
물속에 비친 하늘을 들여다보는 일
空이란 무엇인가
물속에 비친 하늘을 들여다보는 일
生滅이란 도대체 무엇일까
물속에 비친 하늘을 들여다보는 일
無我란 도대체 무엇일까
물속에 비친 하늘을 들여다보는 일

물속에 비친 하늘을 들여다보는 일이여
수정같이 맑은 물속에 우주가 신비의 옷을
벗을 듯 말 듯
내 눈 속에 우주가 들어오고
내 머릿속에 우주가 들어앉는다

환선굴

머언 옛날
어여쁜 한 여인 촛대바위 곁
沼에서 멱을 감자
마을 사람 쫓아와 엿보려 할 때
하늘이 노하여
천둥, 번개가 우르릉 쿵쿵
동굴 안 바위 더미들 쏟아져 나오더니
닫혔던 문 열리자,
그 여인 동굴로 사라졌네

사라진 그 여인 선녀로 환생하였다 하여
어느 여름 장대비 퍼붓는 날
동굴에 들어가 보았지만,
그 여인 동굴 떠나고 보이지 않네

하늘나라로 가셨는가
그녀 따라가지 못한
나는

환선굴 선녀 폭포에 갇혀
오 가지 못하고 서서
그녀의 흔적 찾으며 서성이고 있네

빗방울 북적대다

초저녁에 내리는 빗방울
포장마차 불빛 위에 북적대다
저녁 늦게 내리는 빗방울
술 마시는 사람 곁에서 북적대다
한밤중에 내리는 빗방울
창을 때리는 소리로 북적대다
새벽에 내리는 빗방울
산야를 떠돌며 북적대다

가을의 그리움

찻잔의 김처럼
모락모락 피어나는 그리움
생각만 해도 가슴이 촉촉이 젖어오고
눈에는 이슬 내려 시야를 가린다

그대가 나에게 기대고
내가 그대에게 기대던
잊히지 않는
가슴 속에서 떠나지도 않는
그대 그리움의 자취들

성에 낀 바깥세상을 등진 하루하루
가을 타는 나에게
붉게 타오르는 그리움 한 다발 내밀고
흐뭇하지도 않은 흐뭇함을 주는
붉게 칠한 기억의 수채화 한 점
내 눈앞에 그려놓고

그리움을 곁에 내려놓은 채
바람 따라 구름 따라 허공 속으로
족적도 남기지 않고 한 점 한 점
어디론가 사라져 버리는가?

내가 물이 되면

내가
물을 안으면

물은
호수에 안기고

호수는
하늘과 구름과 산을 안고

내가
호수를 안으면

호수가
하늘을 안고,
구름을 안고,
산을 안고

호수는 호수를 안고

동박새가 봄을 입에 물고

겨우 내내 몸을 움츠리다
이른 봄을 살며시 열고 나온
동
백
묶어놓았던 빨간 보자기를
여기저기 풀어 놓는다
빨간 보자기 속의 가장자리에는
손톱만 한 황금색 종鍾들이
웃음 띤 얼굴을 내민다
바람이 황금색 종을 울리자
동박새가
봄을
입에 물고
동백나무에 앉아
붉은 동백을 노래하고 있다

제 3 부

유자나무에도 은하가

유자나무에도 은하가

우주의 바다에 떠 있는 별들의 섬이 빛난다
아버지가 심은 유자나무에도 달빛에
하얀 꽃이 별이 되어 빛난다

별들이 오손도손 모여 사는 곳도
유자나무 하얀 꽃이 올망졸망 사는 곳도
하나의 작은 우주로 반짝거린다
별들은 은하에서 태어나 우주 속을 유영하고
유자나무꽃은 작은 은하와 함께 자란다

오월 어느 날 밤
유자나무를 유심히 쳐다보았다
유자나무와 꽃의 은하
크고 작은 은하가 거기 있었다

멧새들이 날자 은하도 함께 비상飛翔했다
은하가 사방에서 반짝거렸다

수도 없이 은하의 빛이 땅에 내려앉았다
그 빛은 산과 바다와 들
온갖 존재들의 빛이 되었다

지상의 멧새와 유자나무는 굽게 은하에 닿아 있었다

두브로브니크 城

바다 위에 城이 떠 있다
성벽 위를 사람들이 걷고 있다
'아드리아해의 진주' 두브로브니크
바다를 바라보며, 철옹성 벽에 기댄 채,
중세의 표정 그대로를 간직한 채 서 있다

성벽에 오르면 끝없이 펼쳐진
아드리아해가 손짓하며 사람들에게로 다가오고
멀리서 바라보면 성 밑으로는
바닷물이 통하는 해자가 연결돼
성은 마치 섬이 되어 떠 있고

일상 삶에 분주한 성안 마을
표정 없이 꿋꿋이 자리를 지키고
골목은 은은한 조명과 바다 내음에 취한 채
삶의 무게와 낭만으로 길을 열고 있었다

골목길 미로마다
휴식과 사람들의 담소가
빛바랜 담장 너머로 어우러지고

아드리아해보다 더 짙은 하늘 아래,
빠알간 지붕들이 햇볕을 불러들여
주옥처럼 반짝반짝 빛나고 있었다

세르비아계의 피가 흐르는
아프로디테를 닮은 육감적인 미인들이
풍성한 엉덩이를 흔들고, 배꼽을 드러낸 관능적 몸짓의
매혹에 매료된 남성들의 유혹 눈빛도 외면한 채
지상낙원 두브로니크 골목을
겁 없이 걸어가고 있었다

빛 하나

아침 햇살에 잠자던 사물들이 눈을 뜬다. 꿈에서 벗어난 듯 어둠에서 서서히 얼굴을 내밀면 자연에 생기가 돈는다. 그렇다. 오로지 빛이다.

칠흑 같은 암흑 속에서 어둠의 포로가 된 보지도 못하고 볼 수도 없고 가슴이 꽉 막혀 숨을 쉴 수도 없었다. 어둠 하나로 벽이 완전히 가로막혀 있었다. 빛 하나의 힘 거대한 자연의 신비와 실체가 모두 저 빛 하나에 드러나니 어둠을 밝히는 저 빛 눈을 뜨게 하고 꽉 막힌 어둠의 벽을 뚫는 우주의 섭리 빛 하나로 오늘도 세상은 어둠을 걷어내고 돌아가고 있다.

거짓말

오늘도, 하루살이 유튜브는
쓸개 없는 껍데기 뉴스로
도심의 거리는 덜컹거리고
거리에서 조잘대는
오염된 소리는 바람에 실려 흩뿌려져
어두운 하늘은 뜬소문으로 가득 차 있다
멀쩡한 정신을 가진 사람들
성형수술 안 되는
현란한 화려함 속에
유희의 말들에 숨어 있는
민낯의 거짓말로
보고 듣는 이의 가슴에
실망의 씨를
뿌려 놓고,
진실의 뿌리를
송두리째 뽑아내고 있지 않는가

가야만 한다

눈 내리는 대지에 어둠이 깔린다
숲의 적요함 속에서도
눈을 가지고 있어 아름다운 어둠
하지만, 내겐 서둘러 해야 할 일이 있기에
가야만 한다
더 어두워지기 전에 서둘러 가야만 한다
더 눈 내리기 전에 서둘러 가야만 한다
들리는 것이라곤
오직 바람에 눈송이 쏠리는 소리뿐
그래도,
나는 서둘러 가야만 한다

볏짚 새끼 꼬기의 추억

차가운 빈 들판에 눈발이 날린다
아버지가 헛간에 새끼 꼬는 기계 앞에 앉으신다

발은 기계 페달을 밟고,
기계 양쪽 입에 볏짚을
쉬지 않고 넣어주면
새끼줄은 돌아가는 바퀴에
감기어 바퀴가 만삭될 때까지
쉼 없이 새끼줄이 쌓인다

한나절 노동에 시장기가 돌면
기계도 허기를 알고 손을 놓는다

아버지가 애창곡을 부르신다
"바닷물이 철썩철썩 파도치는 서귀포
서귀포 칠십 리에 물새가 운다"…

아버지가 부르는 노래에는 사연 많은
일제 강제노역의 恨이 서려 있어 가슴을 울리고
밖엔 눈발이 날린다
새끼줄 꼬는 헛간 문을 열고 나오시자 아버지의 근심과 걱정이
겨울 빈 들판으로
산으로
눈발과 함께 흩어져 사라지고
아버지의 눈앞에는 서귀포 바다에서
철썩이는 파도 소리가 아련히 닿는다

얼마나 흐뭇한지

얼마나 흐뭇한지
동그란 눈 놀란 표정
산속에서 싸락밤을 주울 수 있으니,
우주 속의 자연과 싸락밤

얼마나 흐뭇한지
밤나무 아래 눈 감고 누워
싸락밤이 싸락싸락
눈 쌓이는 소리를 들을 수 있으니
우주 속의 자연
자연 속의 나
밤나무는 떨어지는 소리를
멈추지 않는다

얼마나 흐뭇한지
자연과 함께 숨 쉬고 있다는 것이
내 심장이 뛰었다가 멎었다
인간은 두 개의 심장을 가지고 있노라고

너에게 전한다

단풍이 들었다고 너에게 전하고
단풍이 떨어졌다고 너에게 전한다
너에게 전하는 일이
이젠 내가 하루하루 걷는 길
그동안 머리카락은 억새꽃으로 피었다

단풍 떨어진 나무가 나체가 되었다고
너에게 전하고
알몸 된 가지에 하얀 새가 곳곳에 내려앉았다고
너에게 전한다
너에게 전하는 자초지종이
이젠 내가 하루하루 걷는 길
그 길 위에서 너에게 소식 전하는 사이
머리카락은 서리 내린 억새가 되어
바람에 흔들린다

소꼴 먹이기 추억

어린 시절 소꼴 먹이러 고삐를 잡고, 큰 골안*으로 향한다
땡볕이 내리쬐는 숨 막히는 더위에 매미는 귀를 찢는 소리로
귀를 혼돈의 구렁텅이로 밀어 넣는다.
더위에 반가운 친구를 만난다. 바로 소나기였다. 온몸에 땀을
씻어 준 소나기가 오늘따라 유난히 반가웠다.
심산유곡의 도랑에 물이 불어났다. 콸콸대며 물보라를 이루고,
작은 폭포 몇 개를 낳는다. 비가 그치고, 무지개가 아치를 그린다
햇볕은 쨍쨍, 소들은 젖은 몸을 말리며, 생기 도는 풀을 뜯어
먹고,
웃음 지며 산등성이로 서서히 오르면서 끼리끼리 도란도란 어
울리고 있었다

그때의 죽은 시간은 바람이 되어 산등성이로 갔을까

소 지키는 아해들은 도랑에 작은 둑을 만들어 물이 가득 차면
둑을 무너뜨리며, 둘의 위력을 눈으로 보기도 했다.
도랑의 가재, 새우, 송사리를 검정 고무신을 어구 삼아 잡았다
놓아주곤 했다.

그때의 죽은 시간은 물이 되어 계곡 아래 흘러 바다로 갔을까

돌밭이 있는 곳에 노랗게 익은 어름과 붉게 익은 빼드라치,

개복숭아, 싱금을 입에 넣고 허기진 배를 채우기도 한 그곳은
파티장이었다.
소꼴을 베어 지게에 한 짐 가득 줄로 묶고, 잔디밭으로 내려와
자치기와 짚으로 똘똘 말아 축구 놀이로 협동심을 기르며
해가 산을 이마에 이고, 붉게 익어가는 노을과 함께
소를 앞장세우고 휘파람 불며 집으로 돌아오던 그 시절이 눈
앞에 아른거린다

그때의 죽은 시간은 녹아 어디로 갔을까
혹은 세월을 낳는 씨앗이 되었을까

* 경남 남해군 삼동면 금송1리에 있는 산골짜기로, 여름방학 때 소꼴 먹이기에
  적합한 장소

섬에서 뭍으로의 꿈을 찾아

저 섬의 파아란 하늘은
어린 시절 뭍으로 향하던 순박한 꿈을
저 섬의 산골짜기 양쪽 푸른 초원은
어린 시절 뭍으로 가는 푸른 꿈을
저 섬의 계곡에 태초부터 쉬지 않고 흐르는 물은
어린 시절 뭍을 포기하지 않던 꿈을

푸른 초원에서 풀을 뜯어 먹고 있는 소들은
옆으로, 앞뒤로, 브이 자로 열을 지어가며
우리에게 질서와 자유를
푸른 잔디밭에서 자치기 놀이를 하던 어린이들은
땀 흘리며 온갖 묘기로
자신을 키우기 위한 꿈을

하늘은 구름을 낳고, 구름은 비를 낳고,
비는 계곡에 물을 낳고, 물은 가재를 낳고
산은 나무를 낳고, 나무는 새를 낳고,
새는 꿈의 날개를 달아주고, 바람은 소식을 낳고,
흙은 부드러운 살을 낳고

산속의 계곡에서 온갖 푸른 길이 열린다
하늘에서, 구름에서, 산에서, 물에서, 나무에서
섬에서 뭍으로 가는 길이

스펑나무

타프롬 사원의 스펑나무 뿌리 하나하나
뱀의 얼굴이다
검붉은 벽돌과 벽돌 사이로 집요하게 파고들어
건물과 벽은 맥없이
무너지면서 아수라장이 되고 있었다

천년을 버텨온 사원의 건축물의 벽에
보아 구렁이처럼 파고들어 있다가
묵직한 똬리를 풀며 벽과 지붕 위 틈새를 파고들어
그 사이사이로 짓밟고, 깔아뭉갠 뿌리는
쓰러트린 벽에 걸터앉아 거만하게
당당하게 사람들을 응시하고 있었다

저 악의 뿌리들과 맞서 천년을 견디어 온
타프롬 사원은 스펑나무 뿌리에 몸을 맡긴 채
야금야금 벽을 삼키고 있는 스펑나무 보아 구렁이와
결사 항전을 하고 있는
사원의 모습이 처연悽然하기만 하다

그날 밤

겨울비 내리는 어느 날 늦은 밤
차 한 잔 마시다가
창밖을 두드리는 빗방울 소리 듣다가
눈가에 울컥 눈물이 흘러내렸다
그칠 줄 모르는 눈물을 어찌할 수가 없어
그냥 내버려 두었다
이 시간 이후의 시간만 존재할 것만 같아
이전의 시간은 전혀 생각하지 않기로 했다
그러나, 그 이전 기억들이 반란을 일으켜
잠을 인질로 잡아
하얀 밤으로 지새울 수밖에 없었다
그날 밤, 흘러내리던 눈물은
스스로를 다스리기 위한 것이었던가
나는 살며시 입술을 꼭 깨물어본다

깨어진 그릇 하나

설거지하다 부엌 마루에
떨어져 깨어진 그릇 하나
파편마다 시퍼런 날을 세우며
나를 노려보고 있었다
손에서 중심을 잃어 수명을 다한
살가운 玉碎 그릇 하나
본래 얼굴은 온데간데없고
상처투성이로 조각 조각난 옥玉
싸늘한 눈으로 저만치에서
날 쳐다보고 있는 조각 하나
냉엄한 현실에
깨어진 모서리가 예리하게 반역한다

화병 花瓶

하나의 꽉 막힌 좁은 공간에
빽빽하게 서서도 웃고 있는 꽃들
투덜거리는 모습은 전혀 보이지 않는다
숨쉬기조차 힘든 좁은 공간에서도
불평하지 않는 꽃
좁고 둥근 벽의 단단한 한계 속에 갇혀
시간 굴레를 벗어나지 못하는 꽃
꽃의 존재가 탈색되고
뿌리가 잘린 채
물에 연명하다가
병에서 천대 받고 쫓겨 나와
시든 얼굴과 마른 뼈다귀로
끈에 묶인 채 행선지도 모른 채
드러누워 마른 숨을 쉬고 있다

놓쳐 버린 시간

우물쭈물하다 놓쳐버린
헤프게 쓰다 버린
배반의 시간
새로운 시간을 새롭게 담아내지 못하고
변명으로 살아 온 것을
후회하는 겨울 하오
산책로 모롱이 나목 가지 위에
딸랑 붙어있는 잎새 하나
음지에 서서 퇴색된 붉은 깃발이 된 낙엽
산책로 걷는 사람들의
쓸쓸한 발길에
무슨 사연을 전하려는가
떨어져 사라질 때까지의 시간을
추하지 않게 아름다운 뒷모습으로
남기고 가려고 온몸을 흔들고 있다

비 오는 날

비가 오고 바람이 차다
검은 구름은 하늘을 건너며
잔뜩 찌푸린 검은 얼굴을 내밀 때
친구는 맨발로 먼 길을 떠났다

찬비 내리는 시각
가슴이 이렇게 요동치는 것은 무엇 때문일까
세월 따라 오가는 것이 인생이거늘
분주하게 움직이는 계곡의 산자락
개울 웅덩이에서도
물은 속절없이 포말져 흐르고
비에 젖은 단풍은 길을 잃고 뒹굴고 있었다

어차피
가는 사람은 가고, 오는 사람은 오는 것
바람에 이는 파문처럼
밀려가는 사람들 틈에서도
있던 사람은 가고 없고,
또 다른 사람들은 오고 있다

제 4 부

밤에 내리는 눈과 속삭이다

밤에 내리는 눈과 속삭이다

너를 위해 나는 주저하지 않는다

너를 만나기 위하여 나를 뛰어넘어야 한다
너는 나에게 다가와 귓속말로 속삭인다
숨소리, 발소리도 없이

너를 보고서야 만난다
순백의 여운, 순백의 고독을
나를 쳐다보고, 너를 쳐다본다

하얀 밤을 지새운 후
하얀 밤을 지새운 너의 하얀 손을 잡는다

하늘에서 땅으로 빛의 혼돈을 거부하고
어둠을 밝히며,
하얀 꽃송이로 피어나
눈물을 해독하는 결빙으로
내 서정의 가슴에 녹아내린 너는
시어요, 은유요, 비유요, 상징이다
내리고, 얼고, 녹아내린다는
긍정도 부정도 거부한 채
밤에 내리는 천상의 순백이 되리라고

물 한 모금

 바람에 나뒹구는 구멍 난 갈잎은 상처투성이다. 구겨지고 벌집 쑤셔 놓은 듯 나뭇잎은 유서의 미완성인가 혹은 미련 없이 나무라는 근원을 떠나온 표징인가 표표히 나부끼는 낙엽 따라 걸으니, 땀이 흥건히 몸에 배고, 목은 타고 입안에는 심한 가뭄이 든다. 바로 물 한 모금이다. 머리카락과 이마에 송알송알 맺힌 땀방울, 거칠어진 심장 박동, 침침해졌던 눈이 물 한 모금에 원기를 되찾는다. 그렇다. 오로지 물 한 모금이다.
 물 한 모금에 감금되어 나무도, 하늘도, 구름도 보지 못하고 눈앞이 캄캄하던 몸, 물 한 모금의 힘으로 인체의 신비가 탄로나 체면을 구기고 갈증과 가뭄은 나를 두고 어디론가 사라져 버린다.

고향 오일 장날의 기억

　바다가 사면인 고향 재래시장에 오일장이 들어서는 날이다 쥐 죽은 듯 적막한 시장이 갑자기 활기를 띠고 농어촌 사람들의 왁자지껄한 소리로 귀가 따갑다 다라기에 갑오징어, 갈치, 멸치, 문어, 낙지, 개불, 조개, 굴의 해산물과 시금치, 마늘 등의 농산물이 시장에 배부르게 널려 있다 상자엔 갓 태어난 병아리들이 삐악거리고 시장은 바다의 비린 내음과 땅 내음이 뒤섞여 바다와 땅이 공존하는 어민과 농민 화합의 장 어머니는 해산물과 농산물을 팔아 옷과 양말 등 가정용품을 사신다 가시밭길 걸어온 삶의 여정을 얘기하며 시장 사람들은 눈물을 훔치고 있었다 자식 얘기로 울기도 웃기도 하는 어머니들 중간중간 웃음꽃 피워가며 골병이 들어 안 아픈 곳이 없는 몸으로 마늘, 시금치 농사에 서로 신세타령하며 인생 고뇌를 털고 푼다 농사일, 바다 일로 손에는 성한 데 없고, 허리는 할미꽃 닮아 굽어 펴지를 못하고 돈이 아까워 콩나물국밥 한 그릇 사 먹지 못하고, 아이들 옷과 양말 사서 흐뭇한 마음으로 돌아오시는 나의 어머니 오로지 자식 사랑 하나로 가벼워진 발걸음으로 미소 지으며 주름진 대문 안으로 들어오시는 모습에 기다리는 자식들 웃음꽃 활짝 피우고, 손뼉 치며 좋아하는 어린 시절 마냥 행복했던 추억들이 어머니의 얼굴과 함께 선연히 떠오른다 텅 빈 고향 집 청마루에 나는 드러누워 천정에 쌓인 추억의 먼지를 하나하나 꺼내어 본다 어머니의 땀 냄새가 묻어 나오고 웃음 띤 얼굴과 인자함이 집 곳곳에서 기억의 주파수를 타고 돌아다니고 나는 그 주파수를 놓치지 않으려고 안간힘을 쓰고 있었다

그리움에 불타는 그리움

벚꽃이 꽃비 되어 낙화하던 날
나의 심장을 스치고 가는
검은 우수憂愁의 구름의 그림자

그 구름은 장산 꼭대기에서
그리운 이의 얼굴을 보일 듯 숨기고
역시나 우동천 개울에도 내려
그리운 이의 실루엣
흐르는 물에 띄워 놓았지

내 안에
늘 자리 잡고 있는 허전함과 더불어
응어리진 그리움

어제가 있어 오늘이 있음을
현현顯現하게 표징하고
가슴에 응어리져 내려
그리움에 불타는 저 구름의 우수

시의 영혼

머리카락이 빠져 흘러내린다
겨울비 맞은 낙엽은
낡고 젖은 표정으로
이리저리 날리며 방황할 때
詩의 어수선한 행간마다
언어들이 마구 의식의 끈을 풀어댄다
詩想의 물결이 혼란스러운 詩語로
어지럽게 나를 흔들어대지만
어떤 것은
언어의 빛이 되고
어떤 것은
언어의 색깔이 되고
어떤 것은
언어의 떨림으로
시의 영혼이 되고
그 영혼이 시가 되어
살아 움직이고

枯死 주목

고산 산등성이 외길
구름도 산이 겨워 멈칫 쉬어간다

비바람과 눈보라 치던 악천후 속에서
천년을 푸르게 숨 쉬어 오다
이제 앙상한 알몸으로 숨을 멈추고 서 있는
너의 忍苦의 세월이 안겨다 준
바싹 마른 몸이 스스로 조형이 된 형상
차마 눈을 뗄 수 없구나

이젠, 눈물마저 말라붙어 버리고
메마를 대로 메마른 몸
세월에다 새겨 놓은
아무도 흉내 낼 수 없는 형용形容을
나무 여기저기에 새겨 놓았구나

살아서는 눈부시게 푸르고 붉게 생을 장식해 온
천년에 얽히고 얽힌 그 이야기들
길손들에게 말없이
들려줄 그 날을 기다리고 있는가
저 메말라 고적한 표정

달빛 흐르는 호수

밤의 숨소리조차 수면에 묻어둔
달빛 흐르는 호수의 적요寂寥

켜켜이 쌓인 호수의 침묵
호수의 고독

호수에 부드럽게 내려앉은 달빛
호수가 손짓한다
달빛과 호수가 빚은 풍경과 밤을 향해

고목 가지 위에 걸려 있는 달
외로운 눈빛으로
차가운 밤을 달빛으로 감싸며
나그네 눈 안으로
말없이 비쳐든다

신비 속 달빛
호수에 들어앉아 어둠을 살며시 밀어내고
호수의 정적마저 달빛에 들게 하는

호수에 머문 저 달빛
젖은 그리움 일깨워
가슴에 그립다, 그립다 저려놓고,
호수에도 달밤의 신비 하나 숨겨 둔 채
영혼의 빛과 함께 호수에 흐르고

꿈을 찾아

안개비에 젖어 흐느끼며
실바람에 실타래 사연 물어
떠나는 나그네
산야에 어둠과 적요寂寥가 첩첩일 때
수심愁心이 가슴 속 깊이 묻고 떠난다

이 밤 지나고 나면 다시
실바람 등에 업혀
흐르는 구름 타고
천상과 지상을 노 젓듯
항로 찾아
서쪽으로 서쪽으로 가겠지

그곳 끝에 가면
꽃 피고, 새가 우는 양지 녘 들판에
둥지 틀고 안착할 자리 하나 있겠지
반겨줄 한 사람
기다리고 있겠지
그런 소망 하나 주울 수 있겠지

채석강

썰물과 함께
강심에 묻어 놓았던
억겁의 시간과 과거를
층층이 드러내고

겹겹 쌓아 올려놓은 듯
결마다 인고의 세월 딛고

오늘도 바다는
바람의 등에 파도를 실어 나르며
쉬지 않고
거칠게 사방을 때리며 일어섰다 쓰러지고

채석강,
긴 세월이 빚어낸 물결과 파도의 조화
바람과 자연이 만든 걸작인가
낙조의 손짓을 바라보며
붉게 물든 비경의 바다와 함께
깊게 잠들어 있다

빗방울

아치형 소나무에
실비가 내려
솔잎마다 주렁주렁 옥구슬을 달고
작은 은하를 만들었습니다
은하의 깊은 몸체가 드러납니다
빗방울이 은하의 꽃을 피웠습니다
별꽃과 은하가 반짝입니다
빗방울이 빚은 별꽃
또 하나의 은하와 겹겹의 우주

햇살, 그 빛 앞에서

그 앞에서는 모든 것이 빛난다
실체를 숨기고 있던 어둠 속의 물상들
어둠을 걷어내고 민얼굴 맨손을 내민다

어깨 위에 내려앉은 햇살은
나에게 행복을 주고
산 위에 내려앉은 햇살은
산의 생명들에게 희망을 주고
호수 위에 내려앉은 햇살은
흐느적거리는 안개를 달래어 보낸다

햇살은 언제나 따뜻한 사랑으로
물상들을 차별하지 않고 안아 준다
내가 햇살이라면
그대에게 온정의 빛을 줄 수 있어
내가 햇살이라면
그대에게 빛의 노래를 불러 줄 수 있어

햇살, 그 빛 앞에서
내가 햇살이 되도록 기도하여
부러워할 것도 없고, 두려워할 것도 없는 빛
세상의 눈부신 존재가 될 수 있다면

청사포의 달

어둠을 보내고 해변에 길을 낸다
먼 수평선 넘어 바닷길을 연다
꿈꾸던 동경의 나라가 된 지상
환한 달빛에
머무른 새들은
어둠을 깎아 길 끝에 집을 짓는다
寂寥로 쌓인 집
시방 갯내음이 풍겨오는 빛의 추억들
저기 달빛에 젖은 섬의 등대 하나
파도에 울먹이며 행성 하나 빚어
밤바다에 들어앉은 하늘 위로
우뚝 일어선다

사랑하는 법

반짝이는 검은 눈빛으로
타는 가슴 붉게 지펴
마주 보며 수줍은 미소 짓고

사랑에 젖은 눈빛 주고
사랑하는 마음 옮겨 심으며
열정의 맨몸 투하를 자진하면
기어이 사랑이 손 내밀 것을

낙월 落月

새벽하늘의 끝자락에서 지고 있는
달에도 몽롱한
노란빛 옷 한 벌 같은 빛 비친다

하늘나라에도
연리지 사랑으로 맹세한 연인이 있었는지
서녘 끝자락에 이를 때마다
노란 옷 입고 서녘을 단장하는 걸 보면

잠자러 갈 때는
하얀 옷으로 갈아입고
잠자리에 드는 걸 보면

달도 사연 알아채고
연리지 사랑 가슴에 깊이 두고
있음을 알았네

이쁘게 치장하고 때마다 시늉으로
하얀 옷 갈아입고 달콤한 사랑 나누러
가고 있음을 알았네

낙조 落照

새 떼가 서녘으로 날아가
노을을 물어 나른다
思惟의 숲 빽빽한 나무들이
보는 이의 시야를 드나들며
서녘 하늘로 비상한다
온통 하늘을
붉은 물감으로 칠하며
서녘은 空의 저녁을 뜨겁게 불태우는
無我의 황금 바다가 된다
하늘나라에서 보낸
그리움의 사연인 듯
하나하나가
불화살을 당겨
그리움의 불꽃이 활활
연기도 없이
멀쩡한 하늘을 태우고 있었다

그랜드 캐니언

숨이 멎는다.
끝이 보이지 않는 넓고 깊은 계곡은
장엄하다 못해 숨소리까지 멈추게 하는
빼어난 장관의 절묘한 협곡
붉다 못해 이글이글 타오르는 노을이
캐니언의 붉은 얼굴에 덧칠하여
붉게 빛나는, 자연이 빚어낸 대작품이 완성되고 있었다
지질학 역사의 산증인 콜로라도강이
협곡을 겁 없이 관통하고 있었다.
층층이 쌓여있는 협곡에 드리워진 그늘
구름의 마술로 멋진 그림이 계속 그려지고
날씨는 제멋대로, 방긋 웃는 무지개를 만들다가
구름은 빠른 카멜레온처럼 멈추지 않고
제 색깔을 숨겼다가, 다시 뽐내고 있었다
웅장함과 비경을 아우르는
협곡 사이로 유유히 흐르는 콜로라도강은
이십억 년의 지구의 숨소리를 그대로 간직한 채
멈춘 듯 흐르고 있었지만,
협곡은 오늘도 더 깊고, 넓게 형성되어가는
쉬지 않고 비경을 그려 보여주고 있었다
고추잠자리 닮은 경비행기에 몸을 의지한 채
계곡의 상공을 휘저으며
발아래 펼쳐지는 절경을 바라보는 순간

Ah, Grade! Grade!*

스페인 가르시아 로페즈 장군이 외치는 소리가
환청으로 온다

* 스페인어로 너무 크다는 뜻

제 5 부

겨울에도 꽃이 핀다

겨울에도 꽃이 핀다

봄도 아닌 겨울에 내리는 눈 또한
개화를 하는가

하늘에서 소리 없이
온 세상에 살포시 내려앉아
하얀 꽃을 피운다

산에 내리면 얼음새꽃
들에 내리면 하얀 들국화
강에 내리면 안개꽃
바다에 내리면 수선화
내 가슴에 내리면 상사화

여인의 검은색 원피스에
매화를 그리는 눈
내 검은 머리카락 꽃대에도
하얀 꽃 핀다

산과 바다와 들,
누구든 마다하지 않고 천상의
꽃이 되어보라 하네

구속 拘束

친구여!
우리 앞에 "구속"의 잎으로 무성한 나무가
구속의 그림자를 가지에 걸어 놓고 서 있더라
구속이란 자물쇠가 채워진 이곳은 수용소인가

어느 봄날 산 벚꽃이 눈부시던 날
벚꽃 산길 따라 걸어가는
봄을 타는 사람들, 자유에 입술이 마르다
죽은 시간 가고, 살아 있는 시간 오니
꽃도 지고 피고 하더라

사람에 갇히고
시간에 갇히고
마누라에게 갇히고
돈과 카드에 갇히고
손전화에 인질로 잡히고
죽어서는 땅에 갇혀야 할 몸

우리가 임시로 세 들어 사는
이 세상
구속의 족쇄에서 풀려나
새처럼 훨훨 날아보세

구속이란 자물쇠를
내버려야 하고
놓아버려야 하고
아니 불태워 버려야 하네

바다에서

잔잔한 물결을 베고 누운 바다
그 바다에는
길이 보이지 않았다
막막하고 가슴은 답답해
앞으로
헤엄쳐 나가다가
내가 지나온 길을 가끔 뒤돌아보며
내 앞에 길을 낸
누군가의 흔적을 더듬으며
바닷물에서 보물 찾는 눈眼으로
바다를 들여다보지만
보이지 않고 바다는 늘 그대로다

삼겹살

삼겹살을 구워 먹었다
뱃속에서
꿀 꿀꿀
돼지 우는 소리가 들려온다

몸이 토막토막 난 돼지는
황천길 너머 북망산 간다
인간의 뱃속이 북망산인가보다

내 배 속에 있는 돼지의,
황천과 북망산
돼지가 꿀꿀거리고 있다

소주를 마실 땐
목으로 넘긴 내 술을 받아 마시고
억울하다며 취한 소리로 꿀꿀…

치자나무

내 가슴 속에
고향 밭 언덕의 치자나무
심어놓은 지 반세기가 지났네

유월이면 어김없이
하얀 별꽃으로 내 안을 환히 밝히고
구월이면 황홍색 열매로 익지

이 이쁜 녀석이 하얗게 꽃 필 때나
황홍색 열매가 가지에 주렁주렁 달릴 때는
건너등 밭 언덕이 낮밤으로
하나의 작은 은하가 되곤 했지

어린 시절 달빛이 눈부시게 빛나는 밤
이곳을 지나가다 보면
별이 되어 빛나던 꽃 빛
반세기가 흘러간 지금도 내가 사는 곳으로
그림자처럼 쫓아 올 줄은 몰랐네

유월이 오면
내 가슴에는 치자꽃 향기가 고향의 정취를
구월이 오면
황홍색 열매가 잘 익은 고향의 향수를
내 가슴에 진하게 지피어 주네

침묵의 호수

호수는
나를 물끄러미 쳐다보고만 있었다

멧새가 방향을 바꾸어도
호수는 큰 눈으로 바라만 보았다

단풍잎이 떨어져 붉게
수면을 헤집고 다녀도
호수는 그 큰 눈으로 가만히 올려다보기만 하였다

입을 닫고 잠잠히
그 큰 눈으로 가슴으로
몸을 뒤척이며 고요에 든 호수

만사가 空이니, 잊어라 잊어
하늘과 산이 호수에 가만히 들어앉지만
호수는 말없이 가슴에 묻고
바람이 불어와도 은빛 물비늘
일렁이며 잠시 흔들리는 표정일 뿐

호수는 깊게 수다 없이
침묵으로 가만히
만사가 공空임을 이심전심으로 일러주고 있었다

고향 개울물

꿈자리가 사나워서
벌떡 잠자리에서 일어났소
눈이 둥그러지고, 머리카락이 쫑긋 섰소

베개는 축축한 눈물이었소
미처 떠나지 못한 눈물이
눈언저리에 고여 있었소

눈물 속의 고향
꿈에서 본, 고향에 가고 싶었소
맑게 흐르는 개천가
안개꽃 지천이던 그곳

송사리가 산과 하늘이 내려앉은
웅덩이에서 한가롭게 세월과 함께 유영하며
예나 지금이나 고향의 풍경으로 남아 있는 곳

흐르는 냇물은 옛 그대로
떠나온 나만 홀로 남겨 놓고
세월과 향수鄕愁 속으로 흐르고만 있었소

휴전선

철책선 너머 허리 잘린 녹색 지대에
붉게 토하는, 진달래꽃 피 울음이
녹슨 철조망 여기저기에 걸려 있었다

고라니는
비무장 지대를 누비며
아아! 아아! 소름 돋는 소리 소리로
분단의 아픔을 아는 듯 울부짖다가
눈망울엔 이슬방울이 굵게 맺혔다

진주홍 빛 꽃잎 속
노란 꽃술 머금은 진달래
녹슨 철조망에 심장을 찔리어 속절없이
꽃과 꽃망울은 멍들어 터지고 있었다

석양에 붉게 붉게 물들어가는
역곡천 강물은 남과 북의 허리를 자르고
비무장지대에 멈춰 서 있는 녹슨 기차는
철조망에 감금된 채, 제 갈 길을 잃고
고라니만 녹슨 철길 따라
다시 한가하게 길 찾아 나서고 있었다

그리움의 편지

그리움을 발효시켜내듯
글에 담아낼 수 있을까요

잘 익은 술처럼 발효된 그리움에
원고지 칸칸이 그리움에 취해 비틀비틀

펜을 들고 다시 글을 시작하려 해도
사유思惟의 길이 또 한 번 비틀비틀

그래도 행을 두고 버티면
원고지가 익은 술에 취해 머뭇머뭇

연인이여
내 그대 그리워하여
몇 줄의 글로 달래보려 했으나

그리움의 포로가 되어 그대에 취한 듯
몇 줄의 하소연에 갇히고 만다오

허무 증후군

허무의 먼지가 쌓인
그리움이 무겁다
예기치도 않는 날
심장 가운데로 날아든 허무가
가슴 바다에서 무겁게
나를 짓누른다

심장의 문이 열리고
심장이 허무의 그늘로 채워질 때
허무는 텅 빈 가슴속에서 또 다른
촘촘한 고통을 불러들인다

허무로 얼룩진 내 안의 고통
그에게 걸맞은 이름 하나 지어
'허무 증후군'이라 불러 주자

허무는 허무일 뿐,
'허무'라는 이름으로
빈 가슴 속에 들어서는
고통 하나하나 세월로 삭혀내고 싶다

생명줄

산은 가뭄과 추위에 떨고 있었다
산속의 나무도 풀도 야생화도
비를 기다리고
햇볕을 기다리며
추위와 갈증에 시달리고 있었다

나무에 기생하는
곤충들도 추위와 갈증에 시달려
불면으로 밤을 새우고 있었다

빛과 물을 한 손에 쥐고 있는
하늘을 우러러보며
나무와 풀, 곤충과 야생화는

오로지
하늘의 자비, 비와 햇볕을 기다리며
생존을 위한 극한 가뭄과 추위와
싸우고 있었다

그리움의 절벽

그리움의 파장이 가슴에 일었다
몸을 비집고 들어서 심장의 피를
역류시키며
나긋나긋 혹은 격하게 나를 몰아세운다
머릿속에 일렁이는 그리움의 갈증이
사유思惟의 벽에 부딪혀
산산이 부서져 내린다
우동천 외로이 걷고 있는 나그네
해 질 녘 하늘 어디쯤
산자락에서 날고 있는
까마귀 한 마리 홀로
나뭇가지에 앉아 처연하게 울음을 풀어 놓을 때

나뭇잎이 떨어지고
꽃잎이 떨어지고
서녘의 별빛이 지고
허공의 달이 그 울음을 받아먹고 있었다

섶다리

생나무 가지가지를 엮어
다리를 놓는다

손길 갈 때마다
노동에 맺힌 땀방울들
함께 엮인다

다리 놓는 너와 내가
노동으로 하나가 될 때

나는 가지를 엮어서
너에게로 길을 열고
너는 가지를 엮어서
나에게로 길을 연다

비로소 생나무 가지는
든든하게 묶인 다리가 되어
너와 내가 무거운 짐을 지고
건너게 되고

멀고도 먼
이상향에 이르는 첫걸음이 된다

해돋이

새로이 탄생될
하루를 위하여
먼 수평선 넘어 하루의 심장에
불을 붙인다

이글이글 하루의 심장이 되는 해
수평선에 당도한 바다가
붉은 물비늘로 일어서고

밤사이 나래를 접었던 갈매기 떼
붉게 불타는 바다의 서광曙光에 놀라
일제히 잠에서 깨어나
빛 속으로 비상한다

갈매기 떼 끼룩끼룩 울음을 풀어 놓고
붉게 물든 바다에서 햇귀가
하루의 문을 활짝 열고 있다

이별이여 어디로 가든

눈먼 이별이여
한 번의 이별로 족하니 내 곁에 머물지 말라

시공時空을 초월하여
작별의 순간마다 수많은 고통의 뿌리를 심어
비애에 방황하게 하는
이별이여

어디로 가든 되돌아보지 말라
형체도 없이 다가서는 이별
단호히 거절하고 싶다
색깔이 없어 보이지 않고
실체가 없어 만질 수 없고
소리가 없어 들을 수 없는
운명처럼 다가서는 이별이여

또렷한 색깔과 실체와 소리로 빚은
또 다른 소중한 만남을 위하여

이별이여
이별을 멀리 두고 싶다
가서 영원히 날 되돌아보지 말라

말하는 꿈

인제 그만 꿈에서 깨어날까

곧 실체가 없는 헛것으로 드러날
꿈이 가면을 벗어 던지고
수군수군한다.

그럴 때마다
꿈은 잠의 문을 두드리면서
속내를 드러내지 않은 채
몽환의 뜰에 안개로 피어나
안개 속에서
꿈은 말한다

아직도 꾸고 있는 꿈이
모두 너무 달콤해서
꿈속을 헤매고 있는가

연기 演技

말없이 그냥 스쳐 갑니다
흔적을 덧씌우기 위한 곳
쌓이고 쌓인 젖은 낙엽 위에
햇볕 모여 사는 곳까지 모두

혹은 산모퉁이에
바람처럼 모였다가
돌아가는 숲 개울같이
미련 없이 돌아갑니다

무대 공간을 종횡하는
소리와 몸짓이
스스로를 짓누릅니다

무대 공간에서 추락하거나
공간을 건너다니는 소리 소리가
온몸을 산산조각 내고 있습니다

| 해설 |

타자 속의 자아 응시
– 이채우 시인의 시 세계

최 영 구 (시인, 문학박사, 현 부산광역시문인협회 회장)

| 해설 |

타자 속의 자아 응시
– 이채우 시인의 시 세계

최 영 구
(시인, 문학박사, 현 부산광역시문인협회 회장)

　시에도 내가 있는 시와 그렇지 않은 시가 있다. 시 속에 주체인 자아가 시의 중심에 잠재되어 있을 경우 그런 시를 일컬어 자아의식이 강한 시라 말한다. 이채우 시인은 그런 자아의식이 강한 시인이다.
　시인은 감정과 정서로 자아와 타자의 세계를 건설하는 사람이다. 자기가 살고 있는 세계, 살고자 하는 세계, 자기가 바라는 세계, 자기가 꿈꾸는 세계를 언어로 건설해 보여주는 사람이 시인이다. 바꾸어 말하면 시인은 자신의 언어로 정서를 빚고 감정을 빚고 정신을 빚어 그것으로 세계를 건설하고 그 속에서 거처하고 안주하고자 하는 사람이다.
　그처럼 예술가나 시인은 자아와 타자 탐구에 관심이 많은 사람들이다. 나는 누구며, 어떤 사람이며, 내가 바라는 것은 무엇이며, 내가 꿈꾸는 것은 무엇이며, 나는 다른 사람과 어떻게 다르며 등 나를 알고 싶어 하는 사람들이다.

아울러 나와 타자의 관계에 대한 끊임없는 물음을 제기하며 나를 탐색한다. 나의 삶, 희망, 절망, 사랑, 나의 과거와 현재와 미래의 열망은 무엇인가를 곰곰 되짚어 글을 쓰는 사람들이 시인이다. 시인 이채우 역시 그런 시인 중의 한 사람이다.

이채우 시인은 그런 끊임없는 자아 탐색에 이어 내가 어떻게 살아왔고, 어떻게 살고 있으며, 앞으로 어떻게 살아갈 것인가와 내 슬픔은 무엇에 연유하며 내 기쁨은 어디서 오는가, 나는 무엇을 소중히 여기며 내가 진정 바라는 것은 무엇인가를 바라보려 하는 시인이다. 그런 시인들을 일러 자아의식이 강한 시인들이라 일컫는다.

서두에서 언급한 것처럼 시에는 자아의식이 강한 시와 그렇지 않은 시가 있다. 자아의식이 강한 시는 대상에 사회적 자아나 개인으로서의 자아가 지향하는 일상적 규범이나 감정, 정서 등 곧 대상을 통해 자기감정을 충실히 입혀낸 시의 경우를 일컫는다. 그러므로 자아의식이 강한 시를 읽다 보면 물론 시적 화자를 통해서이지만—시인의 호불호는 물론 시인의 감정적 기호까지도 읽어낼 수 있는 경우가 흔하다.

그럴 경우 텍스트는 언어 내적인 데 관심을 집중하기보다 언어 외적 문제에 더 골몰하는 경우가 많다. 하여 이채우 시인의 시는 언어 내적인 측면에 집중한 판타지적 측면보다 언어 외적 문제—그게 이데올로기가 됐든 주관적 자기감정이 됐든—에 더 충실한 편이다.

또한 시란 현상학적 표현이라 할 수 있다. 왜냐하면 시는 외부의 대상에 자신의 의식을-곧 정서나 감정 생각을-입혀 언술하기 때문이다.

현상학적 재현에는 두 가지로 나누어 생각할 수 있다. 그 하나가 외재적 재현이고 다른 하나는 내면 의식-여기서 내면 의식은 무의식까지 전재한 경우다-에 의존하는 인식적 재현이 그것이다. 위에 언급한 것과 관련지어 말하자면 언어 외적 문제에 충실한 시는 외재적 재현 중심의 시에 가깝고 언어 내적인 데 관심이 많은 시는 내재적 인식의 시에 근접한다.

또 다른 관점에서 보면 이채우 시인의 시는 대부분 외재적 재현의 시에 가깝다. 외재적 재현이란 다 알다시피 사물의 외현을 그대로 받아들이고 외경을 중심으로 재현하려고 할 경우의 시가 그런 경우다.

하지만 시는 자신의 생각이나 대상을 사실적으로 전달하고자 하는 언술은 아니다. 시인 자신이 가진 어떤 감정이나 생각을 대상에 입혀 느끼고 공감하도록 의도적으로 짜내는 하나의 구조적 말하기이다. 그러나 그 중심에는 대상인 사물이 있고 그 사물에 감정을 이입하거나 정서를 부여해 언술하는 경우 흔히 외재적 재현이라 일컫는다.

더하여 외재적 재현의 시는 환유적 언어체계의 시라 할 수 있다. 여기서 말하는 환유란 일반적 수사학에서 말하는 환유는 아니다. 그 시의 장면 -여기서의 장면이란 감각적 지각을 바탕으로 한 구조적 진술이나 이미지다 -이나 시 전체가 갖는 담화의 환유적 의도를 말하는 것이다.

외재적 재현과는 달리 시인마다 가치 추구나 지향이 달라 외재적 재현을 넘어 대상이나 현실을 초월하고자 하는 경우도 있다. 그런 인식적 재현은 주로 대상에서 느끼는 감정과 정서를 의식이나 전의식에 의지해 직관적으로 그려내려는 경우다. 그러므로 인식적 재현은 일종의 의식이나 전의식에 의존한 언어체계의 시라 할 수 있다. 시어나 언술이 그대로 의식의 흐름에 따라 언술되기 때문이다.

앞에서도 밝혔듯이 이채우 시인의 시는 의식에 의존한 인식적 재현보다 외재적 재현에 가깝다.

> 남새밭 언덕에 할미꽃이 피었다
> 시간만 나면
> 자주색 옷 입고 찾던 할머니
> 꽃을 피우기도 전에
> 힘겨운 세월
> 굽은 허리 휘감고
> 땅을 내려다보고 있었다
>
> 꽃이 피어도 가족 살피느라
> 고생을 고생으로 생각하지 않고
> 온몸이 부서지도록
> 가족을 위해 모든 것 버리신
> 나와 네 어머니
> 굽어진 허리 꽃대에 꽃이 진다
>
> 하얀 꽃술로
> 백발의 할머니 모습으로 변한 당신
> 회상과 추억에 젖어 오늘도
> 남새밭 언덕에서
> 하얀 머리카락 날리며

가족들 촘촘히 보살피느라
　　허리 구부리고 있나요

-「할미꽃」 전문

　남새밭 언덕에 핀 '할미꽃'을 의인화 한 시다. 화자는 할미꽃에서 평소의 할머니를 연상한다. 할미꽃이란 꽃말도 할머니를 연상시키는 꽃이기 때문에 붙여진 이름이 아니던가.
　특히 시「할미꽃」은 의인화라는 시적 수사로 병치도 동시에 이루어진다. 병치로 인해 할미꽃과 할머니는 둘이 아닌 하나다.
　"꽃이 피어도 가족 살피느라/ 고생을 고생으로 생각하지 않고/ 온몸이 부서지도록/ 가족을 위해 모든 것 버리신/ 나와 네 어머니/ 굽어진 허리 꽃대에 꽃이 진다."
　할머니도 꽃 같은 세월이 있었으리라. 자식을 위해 손자 손녀를 위해 꽃 같은 세월을 다 보내시고 그래도 후회 없이 꿋꿋이 어머니와 할머니의 몫을 다하고 말년엔
　허리 굽은 '나와 네 어머니', 그렇다. 할머니는 모든 이의 어머니의 어머니이시다.「할미꽃」의 시적 성취는 바로 그런 병치에 있다.
　과거에는 3대가 한집에서 함께 살아가는 경우가 흔했다. 하지만 세월이 많이 변해 현대는 단위 가족 중심이 되었다. 할머니 할아버지를 모시고 함께 살아가는 대가족시대는 아니다. 과거 할머니 할아버지 슬하에서 사랑과 가르침을 받으며, 할아버지와 할머니의 본을 받고 그 슬하에서 자라던 시대의 정서를 담고 있다. 그런 가족 시대를 되돌아보게 하는, 우리가 소중히 기억해야 할 대가족시대 할머니의 모습을 담아낸다. 조부모님을 모시고 살던 세대의 사람들은 과거 가족

사와 그런 생활 속의 자아를 이 시에서 되돌아보게 될 것이다. '할미꽃'이 성큼 우리를 과거의 나로 되돌려 놓는다고나 할까.

    보고픈 사람 보고파
    호젓한 산길 걷는다

    세월이 죽어 낙엽처럼 쌓여 갈수록
    더욱더 외로운 길
    쓸쓸한 마음의 뿌리
    숲속 어느 곳에 심어볼까 하다가
    잠시 오솔길에
    뒹구는 갈잎 속을 들여다보는 일
    낙엽은 언제나 허전한 빈손이다

    보고픈 사람 보고파
    그리워하면
    어둠 속 그의 눈빛과 모습은
    어디론가 숨어버리고

    보고픈 사람 보고파
    오솔길 걸으면 발등 위에
    서럽게 떨어지는 낙엽들
    찬 서리와 함께
    말없이 내려앉는다

                          -「보고픈 사람 보고파」 전문

화자는 그리움을 가슴에 두고 숲속 길을 걷고 있다. 고독하거나 외로울수록 그리움은 더해지는 법. 시 「보고픈 사람 보고파」에 그리움은 의식을 좌우할 만큼 간절하다. 그리움에 이끌려 나온 숲속 길, 화자를 지배하고 있는 간절한 그리움(보고픔)이 반복으로 깊이를 더한다. 시에서 시적 수사와 구조적 진술은 그래서 필요한 법이다. 마지막 연까지 '보고픈 사람 보고파'가 반복된다. 하지만 연마다 진술은 변화를 보인다. 반복하면서도 변화를 통해 보고픈 이에 대한 그리움의 정서를 여러 다른 모습으로 진술해 보여준다.

사람을 두고 그리워한다는 것은 가장 인간적인 감정 중의 하나다. 그리고 심중에 사랑하는 사람, 그리워하는 사람이 있다는 것 또한 인간애와 깊이 관계된다. 사랑은 적당히 주고받는 거래가 아니다. 사랑은 그리움을, 그리움은 가장 인간적인 간절함을 잉태하는, 인간애가 바탕인 것이기에 사랑은 시적 테마나 정서로 자주자주 다루어지기도 한다.

인간이 소외된 바로 오늘 우리 시대에, 그래서 행여 사랑도 일회적 유희나 육감적 쾌락으로 치부된다면 그런 비인간적인 처사나 비극도 없을 것이다. 그래서 사랑에서 가꾼 그리움은 소중한 것이다.

"보고픈 사람 보고파/ 오솔길 걸으면 발등 위에/ 서럽게 떨어지는 낙엽들/ 찬 서리와 함께/ 말없이 내려앉는다"

낙엽은 일종의 시적 상관물이다. 그리움만 남기고 이제는 영원히 내 곁을 멀리 떠나가 버린 사랑, 그게 낙엽이란 매개물을 통해 암시된다. 그래서 '서럽게 떨어지는 낙엽'이 된다.

사랑을 잃은 자들의 사랑의 간절함과 그리움이여! 그들은 무엇으로 위로를 받을 수 있을까. 그럴 때 사랑의 간절함을 노래한 한 편의 시가 가슴에 따스한 정서적 위안을 심어주게 되리라. 그러한 사랑의 노래로 가슴에 진정한 사랑의 감정을 가꾸어 나누어 가지게 하는 시인의 역할은 그래서 더없이 소중한 것인지 모른다.

> 아침 햇살에 잠자던 사물들이 눈을 뜬다/ 꿈에서 벗어난 듯 어둠에서 서서히 얼굴을 내밀면/ 자연에 생기가 돈다// 그렇다/ 오로지 빛이다/ 칠흑 같은 암흑 속에서 어둠의 포로가 된/ 보지도 못하고/ 볼 수도 없고/ 가슴이 꽉 막혀 숨을 쉴 수도 없었다/ 어둠 하나로 벽이 완전히 가로막혀 있었다// 빛 하나의 힘/ 거대한 자연의 신비와 실체가/ 모두 저 빛 하나에 드러나니/ 어둠을 밝히는 저 빛/ 눈을 뜨게 하고/ 꽉 막힌 어둠의 벽을 뚫는/ 우주의 섭리// 빛 하나로 오늘도 세상은 어둠을 걷어내고 돌아가고 있다
> ―「빛 하나」 전문

자연과 우주의 섭리를 깨닫게 하는 빛, 빛으로 자연과 우주의 섭리를 일깨우는 시가 「빛 하나」다. 있는 듯도 하고 없는 듯도 한 우주와 자연의 섭리를 시인은 빛으로 그 신비를 대신한다. 자연의 신비와 힘이 어디 빛뿐이겠는가. 자연에 존재하는 우주 만물이 다 신비가 아니던가. 물과 공기만 해도 그렇다. 공기와 물 없이 우리는 하루도 존재할 수 없다. 그럼에도 우리는 자연에 존재하는 물과 공기는 물론 다른 자연현상들을 그저 있는 것이거나 주어진 것이거나 한다. 제 전유물처럼. 그리고 점점 지혜와 과학의 힘을 믿고 오만해진 오늘의 우리들은 오히려 그런 자연현상마저 인간을 위한 자원으로 간주한다.

하지만 이채우 시인은 빛을 주목한다. 아니 빛이라는 상징

을 통해 자연의 섭리를 주목한다.

"빛 하나의 힘/ 거대한 자연의 신비와 실체가/ 모두 저 빛 하나에 드러나니/ 어둠을 밝히는 저 빛/ 눈을 뜨게 하고/꽉 막힌 어둠의 벽을 뚫는/ 우주의 섭리// 빛 하나로 오늘도 세상은 어둠을 걷어내고 돌아가고 있다."

빛의 여러 이미지를 거쳐 '빛 하나의 힘'을 강조한다. 그리고 암흑과 빛을 대비시키며, 자연의 신비 곧 우주의 섭리와 힘이 얼마나 거룩한 것인가를 언술한다. 이어서 "빛 하나로 오늘도 세상은 어둠을 걷어내고 돌아가고 있다."라고 빛의 신비함을 진술한다. 여기서 주목할 점은 '세상은 어둠을 걷어내고'의 어둠'이란 대목이다. 위 시에서 '빛'과 '어둠'은 자연 현상 그대로의 물리적인 어둠과 빛이지만 '세상은 어둠을 걷어내고'라는 '세상'을 언급한 언술 구조로 하여 읽는 이에게 더 많은 정서적 상상력에 동참하게 한다. 빛이 그저 물리적인 힘의 빛만이 아닌 어둠을 걷어내는 빛이 된다. 세상살이에는 어둠에 비유되는 우여곡절이 너무 많지 않은가. 우리의 역사는 굴곡이 많았다. 그리고 사회적 개인적 삶 역시 역사적 굴레로 굴곡이 많기는 매한가지였다. 그런 역사적 사회적 삶의 굴곡을 명암으로 보는 일은 흔하다. 그래서 시에서는 그런 우여곡절의 명암을 빛과 어둠으로 상징하기도 한다. 이를테면 우리가 겪은 일제 치하나 자유당과 군부 독재 시대를 종종 시에서는 어둠으로 그려내기도 했다. 위의 시는 그런 상징적 빛으로 확장시켜 읽을 수도 있다. 그럴 때 시의 정서적 의미는 더욱 확장된다.

오늘도, 하루살이 유튜브는
쓸개 없는 껍데기 뉴스로

도심의 거리는 덜컹거리고
　　거리에서 조잘대는
　　오염된 소리는 바람에 실려 흩뿌려져
　　어두운 하늘은 뜬소문으로 가득 차 있다
　　멀쩡한 정신을 가진 사람들
　　성형수술 안 되는
　　현란한 화려함 속에
　　유희의 말들에 숨어 있는
　　민낯의 거짓말로
　　보고 듣는 이의 가슴에
　　실망의 씨를
　　뿌려 놓고,
　　진실의 뿌리를
　　송두리째 뽑아내고 있지 않는가

　　　　　　　　　　　　　　　　-「거짓말」 전문

　모처럼 이채우 시인이 보여주는 세태와 관련된 시다. 가짜 뉴스가 요즘 문제 되고 있다. 유불리를 따져 자기들 편에 불리하면 진짜 뉴스를 가짜로 몰아버리고, 자기들 편에 유리하면 가짜 뉴스를 진짜 뉴스처럼 퍼뜨리는 그런 기만들을 우리는 어떻게 받아들여야 할까. 그런 현실을 우리는 어떻게 받아들여야 할까. 특히 인터넷 공간에서는 종종 그런 일이 자주 일어나곤 하는 게 현실이다.

　진실한 사회가 건강한 사회다. 사람과 사람 간의 신의도 진실한 말과 마음에서부터 비롯된다. 인터넷상의 익명성을 이용해 현실을 왜곡하고 사회의 구성원인 사람 간의 관계를 왜곡한다면 그런 사회는 정상적인 사회가 아니다. 이채우 시인은 그런 사회현실을 못마땅해 한다.

　막말과 가짜 뉴스는 사회와 인간을 타락시킨다. 그뿐만 아니라 인간과 인간의 관계에 불신을 조장한다. 그렇게 된다면 사람 간의 불신은 물론 사회적 불신을 초래해 사회를 정의롭지 못한 사회로 추락시킨다. 정의롭고 공정한 사회를 꿈꾸는 사람들이라면 그런 현실을 경계해야 한다. 시인은 언제나 그런 비인간적인 현실에 저항한다.

　이채우 시인의 시에서 「거짓말」은 단순한 거짓말이 아니다. 요즘 가짜 뉴스인 거짓말은 바람직한 사회의 근간을 흔들어 놓는 그런 것이 된다. 위의 시는 가짜 뉴스인 거짓말을 문제 삼은 우회적 참여시라 하겠다.

　　바람에 나뒹구는 구멍 난 갈잎은 상처투성이다/ 구겨지고 벌집 쑤셔 나온 듯 나뭇잎은 유서의 미완성인가 혹은 미련 없이 나무라는 근원을 떠나온 표징인가// 표징히 나부끼는 낙엽 따라 걸으니, 땀이 흥건히 몸에 배고, 목은 타고 입안에는 심한 가뭄이 든다// 바로 물 한 모금이다/ 머리카락과 이마에 송알송알 맺힌 땀방울, 거칠어진 심장 박동, 침침해졌던 눈이/ 물 한 모금에 원기를 되찾는다// 그렇다/ 오로지 물 한 모금이다/ 물 한 모금에 감금되어/ 나무도, 하늘도, 구름도 보지 못하고/ 눈앞이 캄캄하던 몸/ 물 한 모금의 힘으로// 인체의 신비가 탄로 나 체면을 구기고/ 갈증과 가뭄은 나를 두고 어디론가 사라져 버린다
　　　　　　　　　　　　　　　　　　　　　　- 「물 한 모금」 전문

　어찌 보면 '물 한 모금'이 우주다. '물 한 모금'이 생사여탈을 좌우하기도 하기 때문이다. 가을의 낙엽도 따지고 보면

물 한 모금 때문이다. 자연의 위대한 힘은 크고 대단한 것에 있는 게 아니다. '물 한 모금'과 같은 것이다. 물 한 모금은 하찮은 것 같으면서도 근원적인 것이다.

반면 실존적 측면에서 볼 때 하나의 존재는 그 자체로서 절대성을 갖는다. 하지만 그 절대성은 주체 내에서의 절대성에 불과하다. 물 한 모금과 같은 외부 조건 없이는 주체의 절대성은 보장될 수 없다. 그렇게 볼 때 모든 존재의 주체로서의 절대성은 타자에 의해서만 보장된다.

그럼에도 불구하고 주체는 항상 타자보다 주체로서의 자아를 앞세우고 싶어 한다. 지배하고자 하는 욕구가 그것이다. 하지만 어림없는 일이다. 자아 밖의 타자는 그런 의미에서 주체를 있게 하는 필요조건이 된다. 그게 우주의 섭리요 자연의 이치다. 그래서 불교에서는 '이것이 있어 저것이 있고, 저것이 있어 이것이 있게 된다'고 설파한다.

위 시는 '낙엽' '물 한 모금' '갈증'의 주체인 '나'를 통해 실존으로서의 주체와 타자의 관계는 물론, 존재 상호 간의 의존성과 독립적 주체의 나약성을 반성적 기재로 다룬 시로 보여진다.

"바로 물 한 모금이다/ 머리카락과 이마에 송알송알 맺힌 땀방울, 거칠어진 심장 박동, 침침해졌던 눈이/ 물 한 모금에 원기를 되찾는다"

'물 한 모금' 때문에 주체로서 부끄러운 흔들림을 경험한 화자의 체험이 그걸 말해준다.

> 바다가 사면인 고향 재래시장에/ 오일장이 들어서는 날이다/ 쥐 죽은 듯 적막한 시장이 갑자기 활기를 띠고 농어촌 사람들의 왁자지껄한 소리로 귀가 따갑다/ 다라기에 갑오

징어, 갈치, 멸치, 문어, 낙지, 개불, 조개, 굴의 해산물과/ 시금치, 마늘 등의 농산물이 시장에 배부르게 널려 있다/ 상자엔 갓 태어난 병아리들이 삐악거리고/ 시장은 바다의 비린 내음과 땅 내음이 뒤섞여 바다와 땅이 공존하는 어민과 농민 화합의 장/ 어머니는 해산물과 농산물을 팔아 옷과 양말 등 가정용품을 사신다/ 가시밭길 걸어온 삶의 여정을 얘기하며 시장 사람들은 눈물을 훔치고 있었다/ 자식 얘기로 울기도 웃기도 하는 어머니들/ 중간중간 웃음꽃 피워가며/ 골병이 들어 안 아픈 곳이 없는 몸으로 마늘, 시금치 농사에 서로 신세타령하며 인생 고뇌를 털고 푼다// 농사일, 바다 일로 손에는 성한 데 없고, 허리는 할미꽃 닮아 굽어 펴지를 못하고/ 돈이 아까워 콩나물국밥 한 그릇 사 먹지 못하고, 아이들 옷과 양말 사서/ 흐뭇한 마음으로 돌아오시는 나의 어머니// 오로지 자식 사랑 하나로 가벼워진 발걸음으로 미소 지으며 주름진 대문 안으로 들어오시는 모습에/ 기다리는 자식들 웃음꽃 활짝 피우고, 손뼉 치며 좋아하는 어린 시절 마냥 행복했던 추억들이 어머니의 얼굴과 함께 선연히 떠오른다/ 텅 빈 고향 집 청마루에 나는 드러누워 천정에 쌓인 추억의 먼지를 하나하나 꺼내어 본다/ 어머니의 땀 냄새가 묻어 나오고 웃음 띤 얼굴과 인자함이 집 곳곳에서 기억의 주파수를 타고 돌아다니고 나는 그 주파수를 놓치지 않으려고 안간힘을 쓰고 있었다

- 「고향 오일 장날의 기억」 전문

 장날은 시골 사람들의 삶의 모습이 적나라하게 드러난다. 장마당에 펼쳐진 거래 물품을 통해 그들이 무엇을 생산하고, 무엇을 먹고, 무엇을 소중히 여기고, 그들에게 필요한 필수

품이 무엇인지도 알 수 있다.

  그리고 시골 우리의 어머니들은 식구들 특히 자식들을 위해 장날이면 어김없이 돈이 되는 것이라면 무엇이든 준비해 장을 보러 가신다. 농촌은 주로 배추, 무, 고추, 파, 마늘 등 농산물을, 어촌이면 어물들을 준비해 팔러 나가신다. 그래야 가용에 쓸 돈을 마련할 수 있고, 아이들의 신발이나 옷가지 등 생활필수품을 장만할 수 있기 때문이다.

  아이들은 어머니가 장에 가신 날은 하루 종일 목이 빠져라 어머니가 돌아오시기만 기다리게 된다. 아이들에게는 어머니의 곁이 최고의 안식처요 보금자리이기 때문이다. 그리고 장에 가신 어머니는 언제나 자식들을 위해 무엇을 사 들고 오기 마련이다. 이를테면 큰애의 옷가지, 막내의 신발, 딸애의 고운 빗과 거울 그리고 자식들이 군것질할 엿이나 사탕 아니면 과자 등을 사서 해거름에 돌아오신다. 그래서 아이들은 더욱 어머니를 기다리게 된다.

  우리들 향수의 중심에는 언제나 어머니가 자리해 있기 마련이다. 그래서 모든 사람들은 어머니와 어머니의 사랑을 평생 잊지 않고 가슴에 묻어두고 산다. 이채우 시인은 「고향 오일 장날의 기억」을 통해 어머니와 어머니의 사랑을 풀어낸다. 화자는 성인이 되어 고향을 찾는다. 그리고 고향 집 대청마루에서 기억의 장날을 더듬어 어머니의 사랑을 회상하고 향수에 젖는다. 모든 이의 의식과 무의식에는 그런 어머니의 애틋한 사랑이 자리하고 있다. 그런 기억들이 위 시의 모티브다.

  위 시는 모성애뿐만이 아니다. 사람들의 삶의 애환과 인간애도 함께 담아내고 있다. 그게 곧 휴머니즘적 의식이리라. 시골 장날 풍경이 전경이 되어 읽는 이를 더욱 향수에 젖게

한다.

친구여!
우리 앞에 "구속"의 잎으로 무성한 나무가
구속의 그림자를 가지에 걸어 놓고 서 있더라
구속이란 자물쇠가 채워진 이곳은 수용소인가

어느 봄날 산 벚꽃이 눈부시던 날
벚꽃 산길 따라 걸어가는
봄을 타는 사람들, 자유에 입술이 마르다
죽은 시간 가고, 살아 있는 시간 오니
꽃도 지고 피고 하더라

사람에 갇히고
시간에 갇히고
마누라에게 갇히고
돈과 카드에 갇히고
손전화에 인질로 잡히고
죽어서는 땅에 갇혀야 할 몸

우리가 임시로 세 들어 사는
이 세상
구속의 족쇄에서 풀려나
새처럼 훨훨 날아보세

구속이란 자물쇠를
내버려야 하고

놓아버려야 하고
　　　아니 불태워 버려야 하네

　　　　　　　　　　　　　　－「구속(拘束)」 전문

　인간은 자연의 지배를 받는다. 그리고 사회 환경에 구속된다. 우리는 자아의식에 의해 주체적으로 결단하고 행동한다고 믿는다. 하지만 그건 착각에 불과하다. 달리 보면 우리는 사회적 자아요, 자연의 지배를 받는 피동적 자아에 불과하다. 그래서 주체적 자아를 꿈꾸는 일은 자아의 주체성에 대한 반성적 기재이기도 하다.
　시인들은 특히 그런 피동적 자아에 대한 내적 성찰과 갈등을 직시한다. 그런 자아의 주체 회복에 대한 갈등은 자연스러운 일이다.
　특히 현대는 복잡한 사회의 여러 여건으로 자아의 주체성은 물론 자아마저 잃어버린 삶을 살아가게 된다. 그중에서도 자아에 대한 물질적 경제적 지배는 심할 경우 주체적 자아의 정신과 인격에도 영향을 미치게 된다. 인간 소외라는 말은 빈말이 아니다. 자아와 타자는 서로 공존의 관계다. 서로 주체성을 존중하고 서로를 중시할 때 그 사회는 비로소 원만한 인간관계가 형성되는 바람직한 사회가 된다.
　"사람에 갇히고/ 시간에 갇히고/ 마누라에게 갇히고/ 돈과 카드에 갇히고/ 손전화에 인질로 잡히고……//"
　위에서 인용한 시구에서 보듯 주체적 자아여야 할 우리는 삶의 여러 여건으로 하여 구속된다. 이채우 시인은 그런 자아를 직시한다. 시인은 영혼이 자유로운 아니 영혼이 자유롭기를 꿈꾸는 사람들이다. 그런 시인은 화자를 통해
　"우리가 임시로 세 들어 사는/ 이 세상/ 구속의 족쇄에서

풀려나/ 새처럼 훨훨 날아보세"//라고 화자를 통해 주체적 자아를 강력히 희구한다. '새처럼 훨훨 날아보세'에서 독자들은 그런 주체적 자아를 확인하게 된다.

이채우 시인의 이번 시집의 시에는 자아 응시에 특히 관심을 둔 시들이 많다. 이채우 시인의 시의 정서적 편향이 대체로 그런 편이지만 이번 시집의 시에서 더욱 두드러져 보인다. 자아를 타자 속에서 찾고 있는 시들이 많다.

시인은 대상에 매력을 느꼈을 때 먼저 모든 의지로부터 해방된다. 그럴 때 비로소 미가 보인다. 그런 미적 무아의 경지를 지나 시인은 자기 작품창작에 눈을 돌리게 된다. 하지만 시나 예술작품은 전체적으로 모두 다양한 의지나 의도의 구성체이며 근본적으로 의식이나 의지의 현상이다. 다만 시인에 따라 의지를 중시하고 앞세우느냐 순수 미적 체험을 중시하느냐의 차이가 있을 뿐이다. 이채우 시인은 그런 창작과정에서 순수 미적 체험보다 특히 의지를 앞세운다. 그렇듯 이채우 시인은 이번 시집에서 자아를 타자 속에서 찾고, 실존적 체험에서 얻어진 부재와 상실이라는 시선을 통해 자아에 대한 깨달음을 보여준다. 읽는 이들은 이채우 시인의 그런 미적 특성을 통해 자아를 새삼 확인할 수 있을 것이라 기대한다.

이채우 여섯 번째 시집

겨울에도 꽃이 핀다

초판 1쇄 발행 | 2020년 8월 25일

지은이 | 이채우
펴낸이 | 최장락
펴낸곳 | 도서출판 두손컴
주　소 | 부산광역시 부산진구 부전로 35, 301호(부전동, 삼성빌딩)
전　화 | (051)805-8002 팩스 | (051)805-8045
이메일 | doosoncomm@daum.net
출판등록 제329-1997-13호

ⓒ이채우 2020
값 12,000원

ISBN 979-11-88678-91-4　03810

*저자와 협의에 의해 인지를 생략합니다.
*잘못 만들어진 책은 바꾸어 드립니다.

이 도서의 국립중앙도서관 출판예정도서목록(CIP)은 서지정보유통지원시스템 홈페이지
(http://seoji.nl.go.kr)와 국가자료종합목록 구축시스템(http://kolis-net.nl.go.kr)에서
이용하실 수 있습니다. (CIP제어번호 : CIP2020034788)

본 도서는 2020년 부산광역시, 부산문화재단 지역문화예술 특성화지원 부산문화예술지원사업으로 지원을 받았습니다.